Impressum
Verlag: BABADADA GmbH, Nedderfeld 112 , 22529 Hamburg
Geschäftsführer / Verlagsleitung: Harald Hof
Druck: Books on Demand GmbH, In de Tarpen 42, 22848 Norderstedt

Imprint
Publisher: BABADADA GmbH, Nedderfeld 112 , 22529 Hamburg, Germany
Managing Director / Publishing direction: Harald Hof
Print: Books on Demand GmbH, In de Tarpen 42, 22848 Norderstedt, Germany

училище
学校

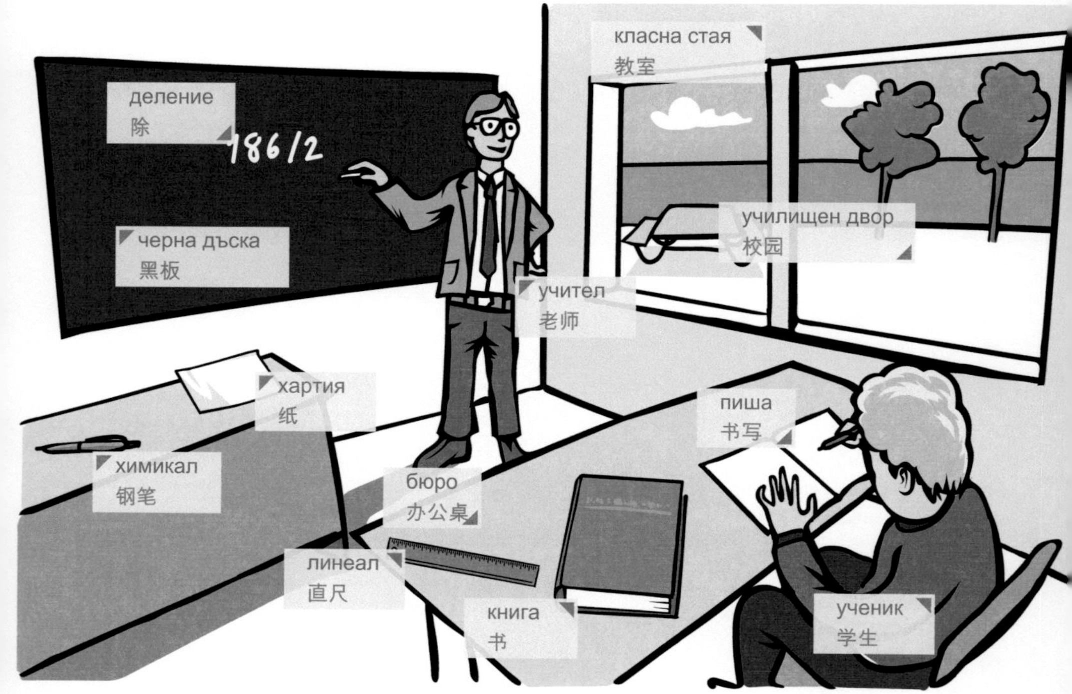
класна стая
教室
деление
除
186/2
черна дъска
黑板
училищен двор
校园
учител
老师
хартия
纸
пиша
书写
химикал
钢笔
бюро
办公桌
линеал
直尺
книга
书
ученик
学生

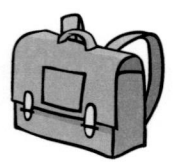

ученическа раница
书包

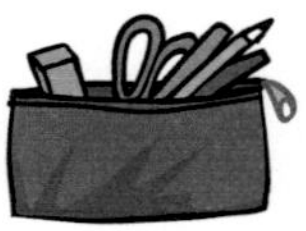

ученически несесер
铅笔盒

молив
铅笔

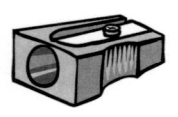

острилка за моливи
卷笔刀

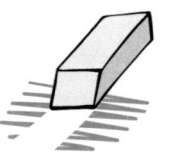

гума
橡皮擦

блок за рисуване
画板

рисунка

图画

четка

画笔

акварелни бои

颜料盒

ножица

剪刀

лепило

胶水

тетрадка за упражнения

练习册

домашна работа

家庭作业

число

数字

събиране

加

изваждане

减

умножение

乘

смятане

计算

буква

字母

азбука

字母表

дума

字

текст

课文

чета

读

тебешир

粉笔

час

上课

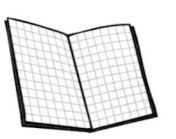

дневник на класа

登记

изпит

考试

свидетелство

证书

ученическа униформа

校服

образование

教育

справочник

百科全书

университет

大学

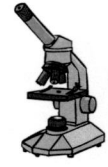

микроскоп

显微镜

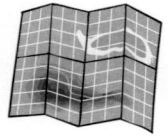

карта

地图

кошче за хартиени
отпадъци

废纸筐

пътуване
旅行

хотел
酒店
Grand
хостел
青年旅社
ROOMS
обменно бюро
外币兑换处
EXCHANGE
куфар
手提箱
кола
汽车

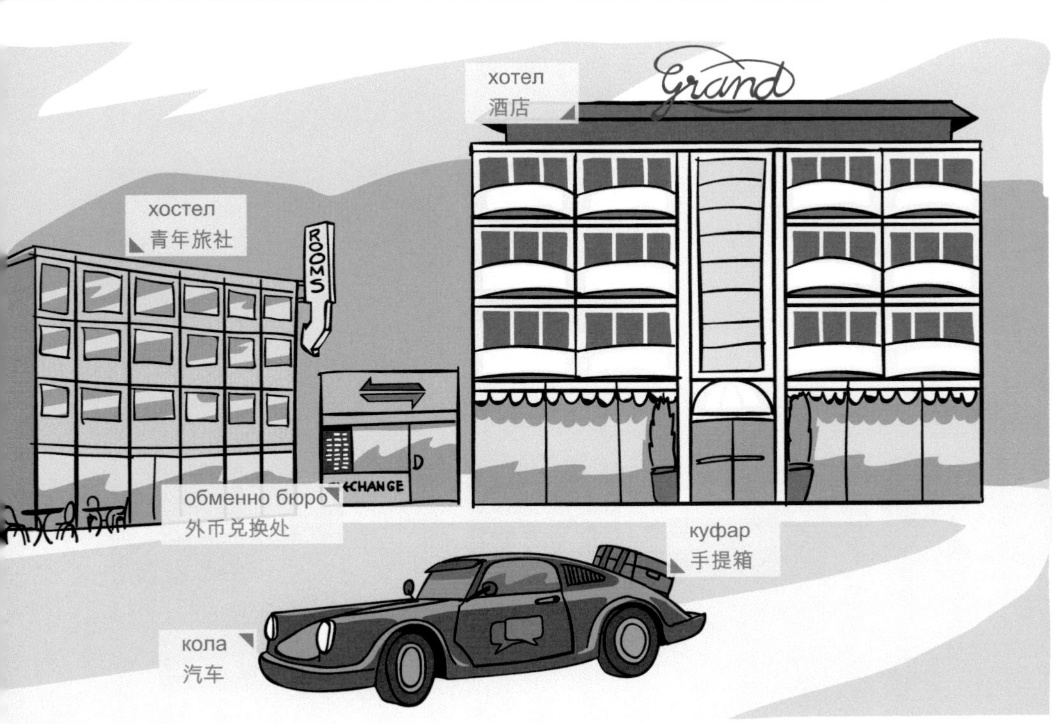

език

语言

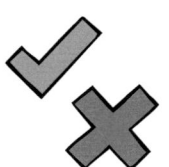

да / не

是/否

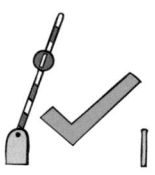

Окей

好的

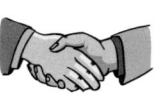

здравей

您好

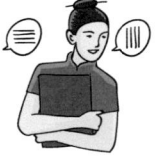

преводач

翻译员

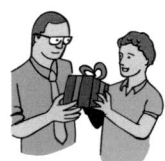

Благодаря

谢谢

Колко струва…?

……多少钱？

Не разбирам

我不明白

проблем

问题

Добър вечер!

晚上好！

Добро утро!

早上好！

Лека нощ!

晚安！

довиждане

再见

посока

方向

багаж

行李

пътна чанта

包

раница

双肩包

посетител

客人

стая

房间

спален чувал

睡袋

палатка

帐篷

пътуване - 旅行

уристическа информация

旅游信息

плаж

海滩

кредитна карта

信用卡

закуска

早餐

обед

午餐

вечеря

晚餐

билет

票

асансьор

电梯

пощенска марка

邮票

граница

边界

митница

海关

посолство

大使馆

виза

签证

паспорт

护照

транспорт
交通运输

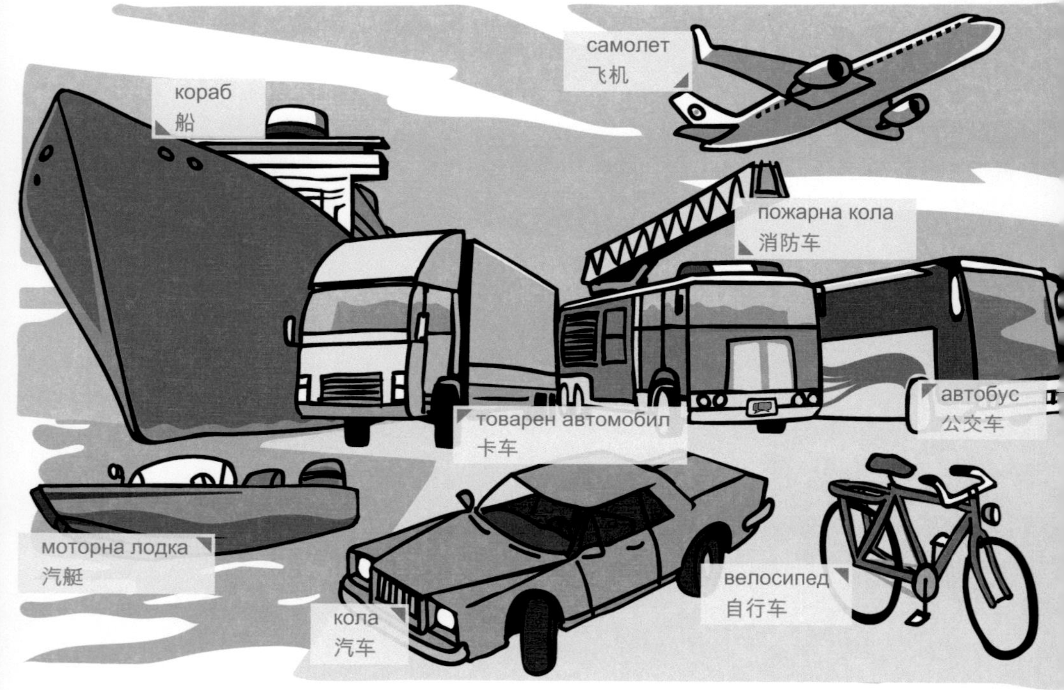
самолет
飞机
кораб
船
пожарна кола
消防车
автобус
公交车
товарен автомобил
卡车
моторна лодка
汽艇
велосипед
自行车
кола
汽车

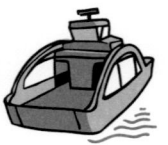

ферибот

摆渡船

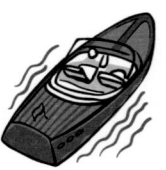

лодка

小船

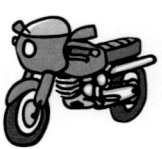

мотоциклет

摩托车

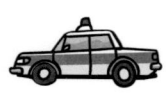

полицейска кола

警车

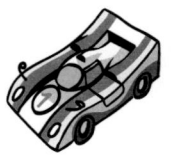

състезателна кола

赛车

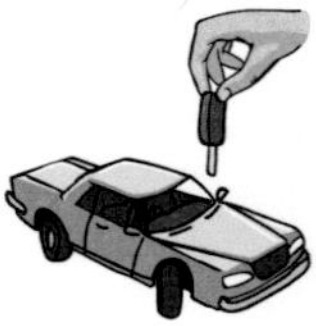

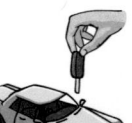

кола под наем

租车

каршеринг

拼车

автомобил от "Пътна
помощ"

拖车

сметовоз

垃圾车

двигател

发动机

бензин

汽油

бензиностанция

加油站

пътен знак

交通标志

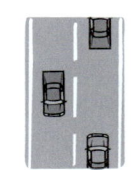

улично движение

交通

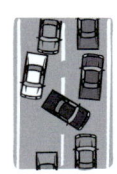

задръстване

交通堵塞

паркинг

停车场

гара

火车站

релси

轨道

влак

火车

трамвай

电车

вагон

货车

хеликоптер

直升机

аерогара

机场

кула

塔

пасажер

乘客

контейнер

集装箱

кашон

纸板箱

ръчна количка

手推车

кошница

篮子

излитам / приземявам се

起飞/降落

град
城市

село

村庄

градски център

市中心

къща

房子

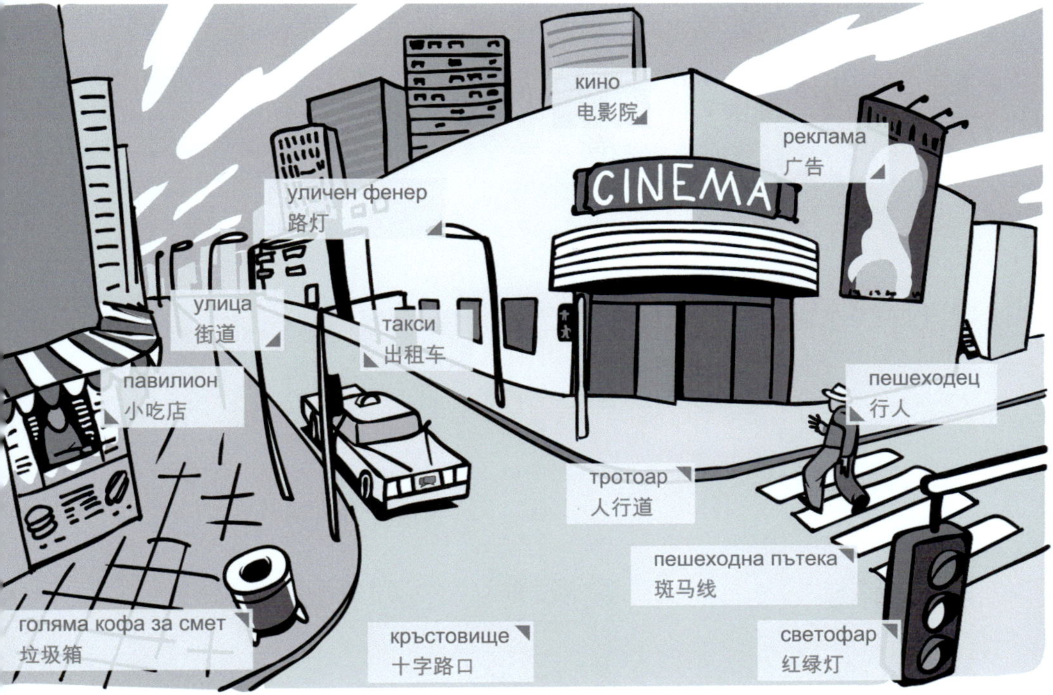

кино
电影院
реклама
广告
CINEMA
уличен фенер
路灯
улица
街道
такси
出租车
павилион
小吃店
пешеходец
行人
тротоар
人行道
пешеходна пътека
斑马线
голяма кофа за смет
垃圾箱
кръстовище
十字路口
светофар
红绿灯

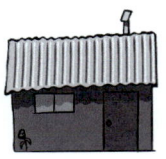

хижа

小屋

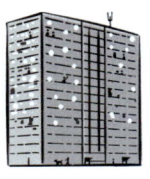

жилище

公寓

гара

火车站

кметство

市政厅

MUSEUM

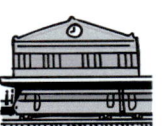

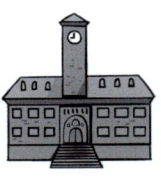

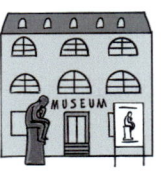

музей

博物馆

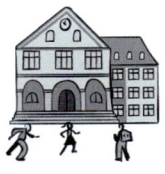

училище

学校

университет

大学

банка

银行

болница

医院

хотел

酒店

аптека

药房

офис

办公室

книжарница

书店

магазин за цветя

商店

магазин за цветя

花店

супермаркет

超市

пазар

市场

универсален магазин

百货商店

търговец на риба

鱼店

търговски център

购物中心

пристанище

海港

парк

公园

пейка

长凳

мост

桥

стълба

楼梯

метро

地铁

тунел

隧道

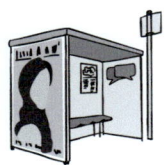

автобусна спирка

公交车站

бар

酒吧

ресторант

餐馆

пощенска кутия

邮筒

улична табелка

路标

часовник за паркинг престой

停车计时器

зоологическа градина

动物园

плувен басейн

游泳馆

джамия

清真寺

селски двор

农场

замърсяване на околната
среда

污染

гробище

墓地

църква

教堂

детска площадка

操场

храм

寺庙

пейзаж

地形

листо
树叶

пътепоказател
指示牌

път
路

ливада
草地

камък
石头

дърво
树

пътешественик
徒步旅行者

река
河

трева
草

цвете
花

долина

峡谷

планина

山

море

湖

гора

森林

пустиня

沙漠

вулкан

火山

замък

城堡

дъга

彩虹

гъба

蘑菇

палма

棕榈树

комар

蚊子

муха

苍蝇

мравка

蚂蚁

пчела

蜜蜂

паяк

蜘蛛

бръмбар

甲虫

жаба

青蛙

катеричка

松鼠

таралеж

刺猬

заек

野兔

кукумявка

猫头鹰

птица

鸟

лебед

天鹅

диво прасе

野猪

елен

鹿

лос

麋鹿

бент

水坝

вятърна турбина

风力发电机

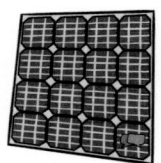

соларен модул

太阳能电池板

климат

气候

ресторант
餐馆

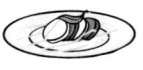

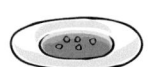

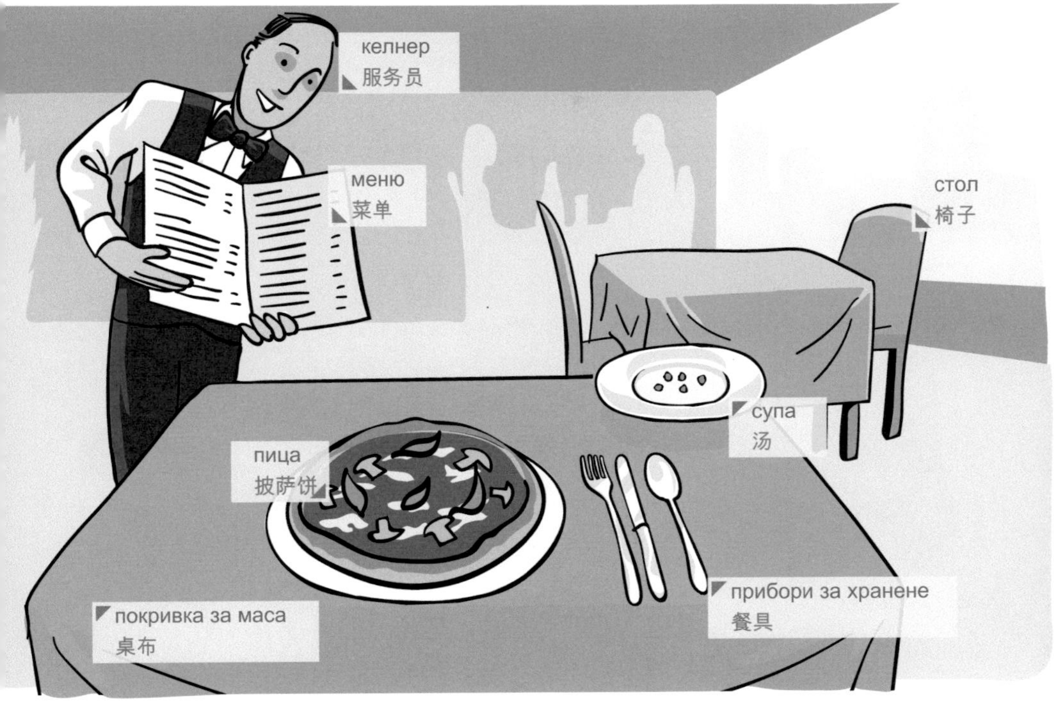

келнер
服务员
меню
菜单
стол
椅子
супа
汤
пица
披萨饼
прибори за хранене
餐具
покривка за маса
桌布

предястие

前菜

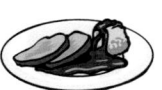

основно ястие

主菜

десерт

甜点

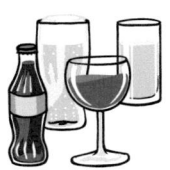

напитки

饮料

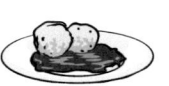

ядене

食物

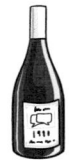

бутилка

瓶子

бързо хранене

快餐

улична храна

街边小吃

кана за чай

茶壶

кутия за захар

糖盒

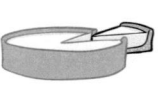

порция

一份饭菜

еспресо машина

意式咖啡机

висок детски стол

高脚椅

сметка

账单

табла

托盘

ножица за нокти

刀

вилица

餐叉

лъжица

勺子

чаена лъжичка

茶匙

салфетка

餐巾

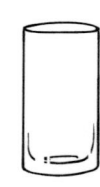

стъклена чаша

玻璃杯

чиния

碟子

чиния за супа

汤盘

чинийка

碟子

сос

酱

солница

盐瓶

мелничка за черен пипер

胡椒磨

оцет

醋

олио

食用油

подправки

调味料

кетчуп

番茄酱

горчица

芥末

майонеза

蛋黄酱

супермаркет

超市

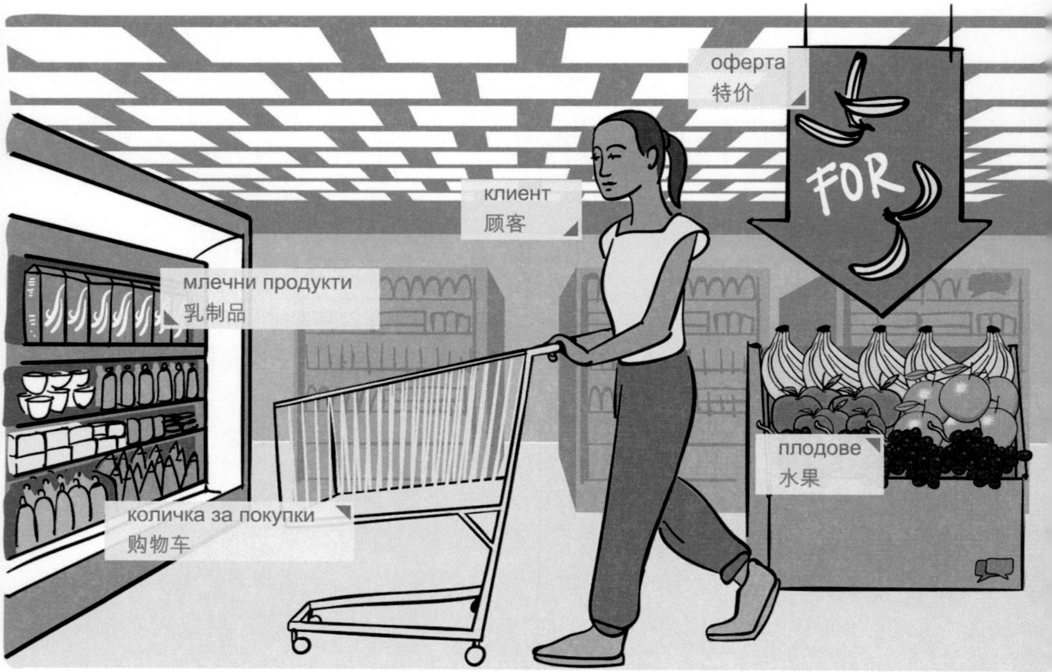
оферта
特价
FOR
клиент
顾客
млечни продукти
乳制品
плодове
水果
количка за покупки
购物车

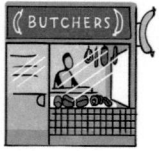

BUTCHERS

кланица

肉铺

BAKERY

хлебарница

面包房

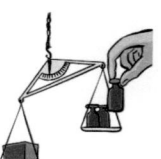

тегля

称重

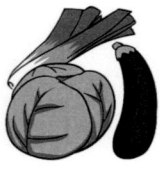

зеленчуци

蔬菜

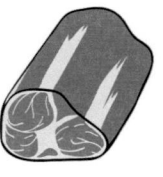

месо

肉

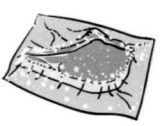

дълбоко замразена храна

冷冻食品

нарязан колбас или сирене

冷盘

консерви

罐头食品

перилен препарат

洗衣粉

лакомства

甜食

домакински изделия

日用品

почистващи препарати

清洁用品

продавачка

销售员

каса

收银机

касиер

收银员

списък на покупките

购物清单

работно време

开放时间

портфейл

钱包

кредитна карта

信用卡

чанта

袋子

пластмасова торба

塑料袋

вода

水

сок

果汁

мляко

牛奶

кола

可乐

вино

红酒

бира

啤酒

алкохол

酒

какао

可可

чай

茶

кафе машина

咖啡

еспресо

意式浓缩咖啡

капучино

卡布奇诺

банан

香蕉

ябълка

苹果

портокал

橙子

пъпеш

西瓜

лимон

柠檬

морков

胡萝卜

чесън

大蒜

бамбук

竹子

лук

洋葱

гъба

蘑菇

ядки

坚果

макарони

面条

спагети

意大利面条

ориз

米饭

салата

沙拉

пържени картофи

薯条

печени картофи

炸土豆

пица

披萨饼

хамбургер

汉堡包

сандвич

三明治

шницел

炸猪排

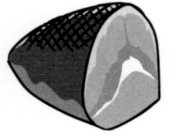

шунка

火腿

траен колбас

萨拉米

салам

香肠

пиле

鸡肉

печено

烤肉

риба

鱼

овесени ядки

燕麦片

мюсли

穆兹利

корнфлейкс

玉米片

брашно

面粉

кроасан

羊角面包

хлебчета

面包卷

хляб

面包

препечена филийка

烤面包

бисквити

饼干

масло

黄油

извара

凝乳

сладкиш

蛋糕

яйце

蛋

яйца на очи

煎蛋

сирене

奶酪

ядене - 食物

сладолед

冰激凌

захар

糖

мед

蜂蜜

мармалад

果酱

нуга крем

巧克力酱

къри

咖喱饭

селски двор
农场

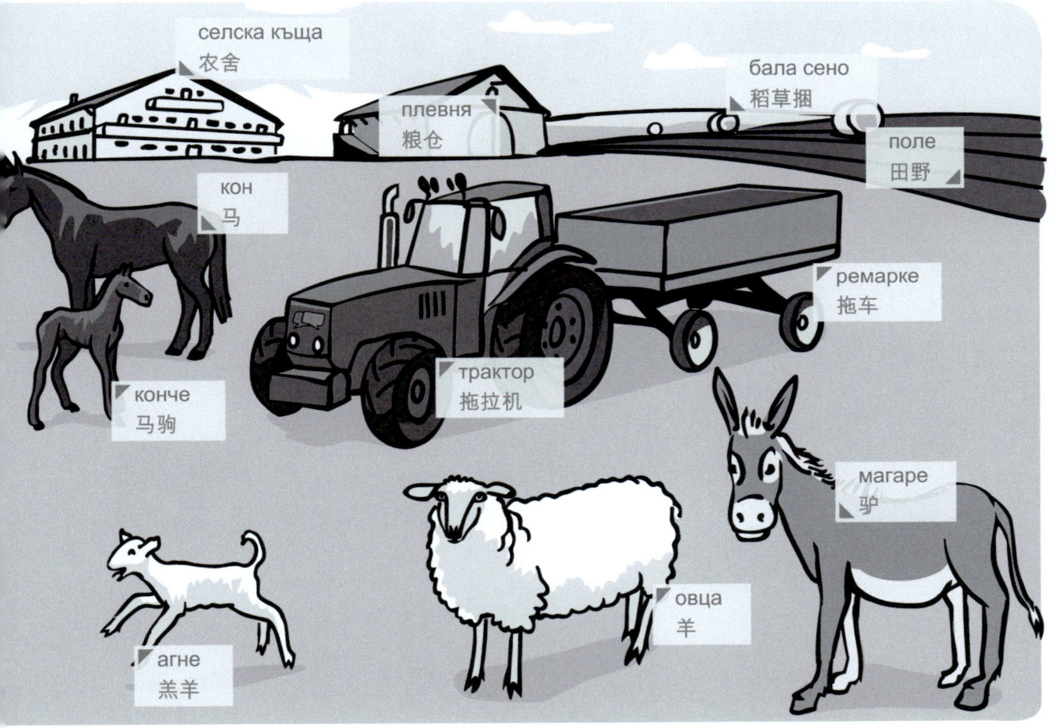
селска къща
农舍
плевня
粮仓
бала сено
稻草捆
поле
田野
кон
马
ремарке
拖车
трактор
拖拉机
конче
马驹
магаре
驴
овца
羊
агне
羔羊

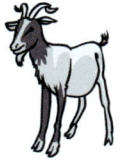

коза

山羊

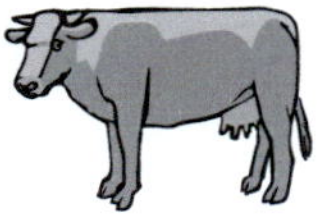

крава

奶牛

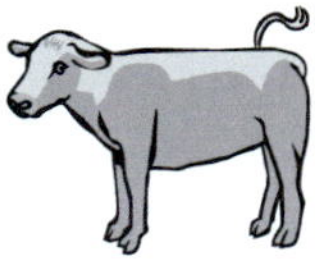

теле

牛犊

свиня

猪

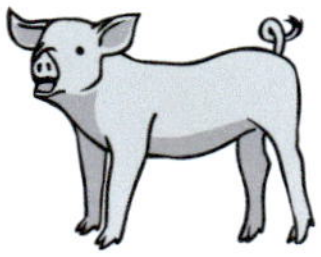

прасенце

小猪

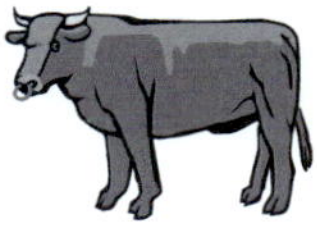

бик

公牛

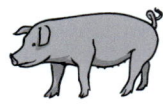

гъска

鹅

патица

鸭

пиленце

小鸡

кокошка

母鸡

петел

公鸡

плъх

鼠

котка

猫

мишка

老鼠

вол

牛

куче

狗

кучешка колиба

狗屋

градински маркуч

花园浇水软管

лейка

洒水壶

коса

长柄大镰刀

плуг

犁

сърп

镰刀

мотика

锄头

вила за тор

长柄草耙

брадва

斧头

ръчна количка

独轮手推车

корито

饲料槽

съд за мляко

牛奶罐

чувал

麻布袋

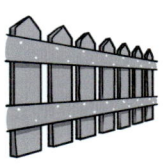

ограда

栅栏

обор

马厩

парник

温室

земя

土壤

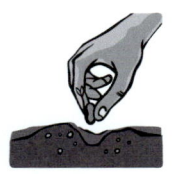

сеитба

种子

тор

肥料

комбайн

联合收割机

жъна

收割

реколта

收割

ямс

山药

жито

小麦

соя

大豆

картоф

土豆

царевица

玉米

рапица

油菜籽

овощно дърво

果树

маниока

树薯

зърнени храни

谷物

къща
房子

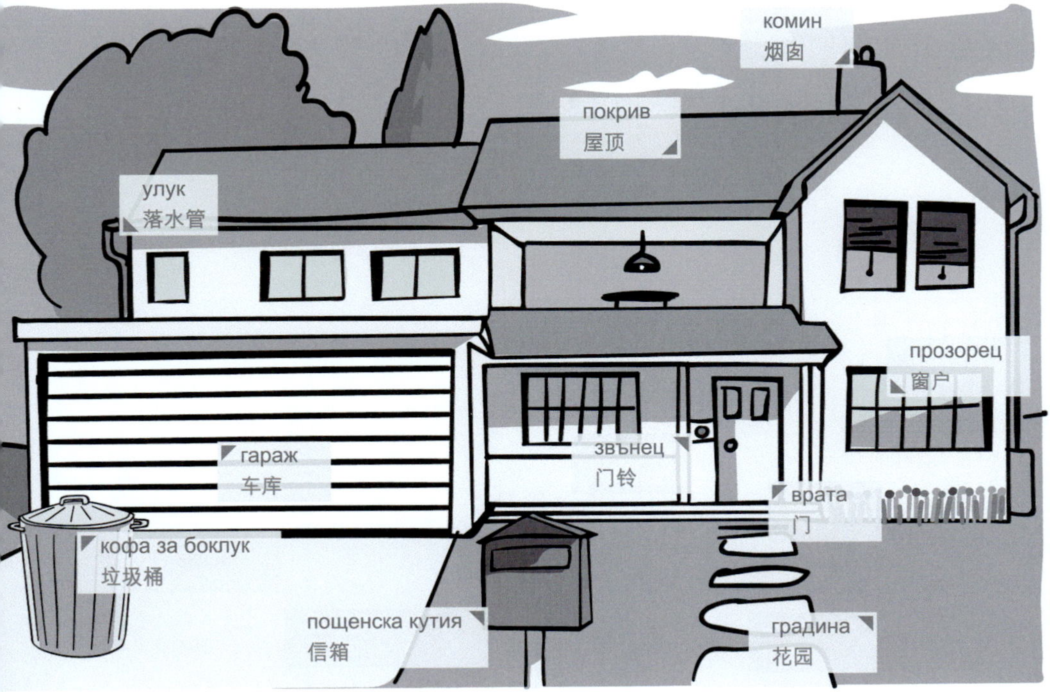

комин
烟囱
покрив
屋顶
улук
落水管
прозорец
窗户
гараж
车库
звънец
门铃
врата
门
кофа за боклук
垃圾桶
пощенска кутия
信箱
градина
花园

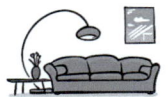

всекидневна
客厅

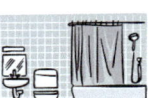

баня
浴室

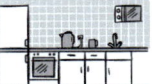

кухня
厨房

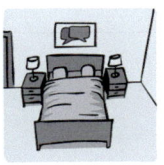

спалня
卧室

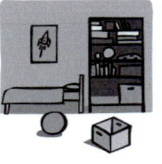

детска стая
儿童房

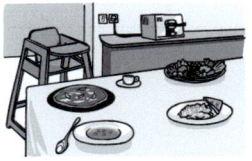

трапезария
餐厅

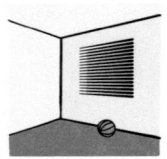

под

地板

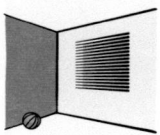

стена

墙壁

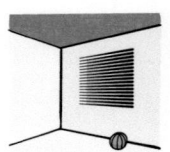

таван

吊顶

изба

地窖

сауна

桑拿

балкон

阳台

тераса

露台

плувен басейн

游泳池

косачка

割草机

спално бельо

被单

покривка за легло

床罩

легло

床

метла

扫帚

кофа

水桶

електрически ключ

开关

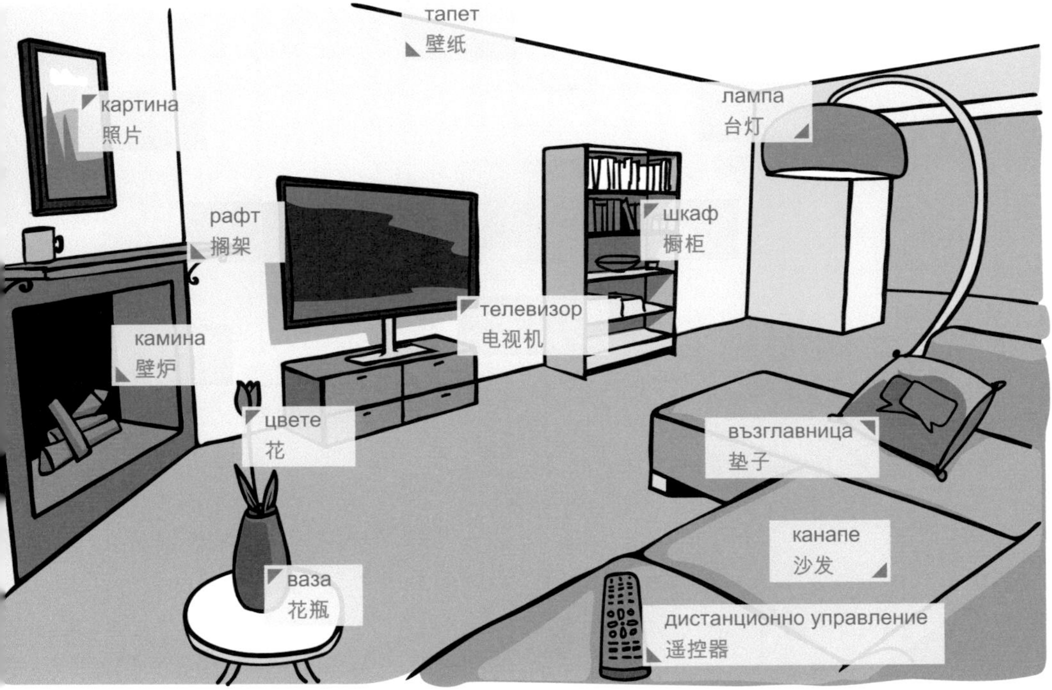

тапет
▶ 壁纸

лампа
台灯 ◀

картина
照片

рафт
▶ 搁架

шкаф
橱柜

▶ телевизор
电视机

камина
壁炉

цвете
花

възглавница
垫子

ваза
花瓶

канапе
沙发 ◀

дистанционно управление
遥控器

килим

地毯

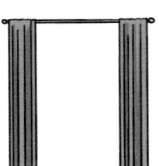

завеса

窗帘

маса

餐桌

стол

椅子

люлеещ се стол

摇椅

кресло

扶手椅

книга

书

одеяло

毯子

декорация

装饰品

дърва за отопление

木柴

филм

电影

стерео уредба

高保真音响

ключ

钥匙

вестник

报纸

живопис

油画

постер

海报

радио

收音机

бележник

笔记本

прахосмукачка

吸尘器

кактус

仙人掌

свещ

蜡烛

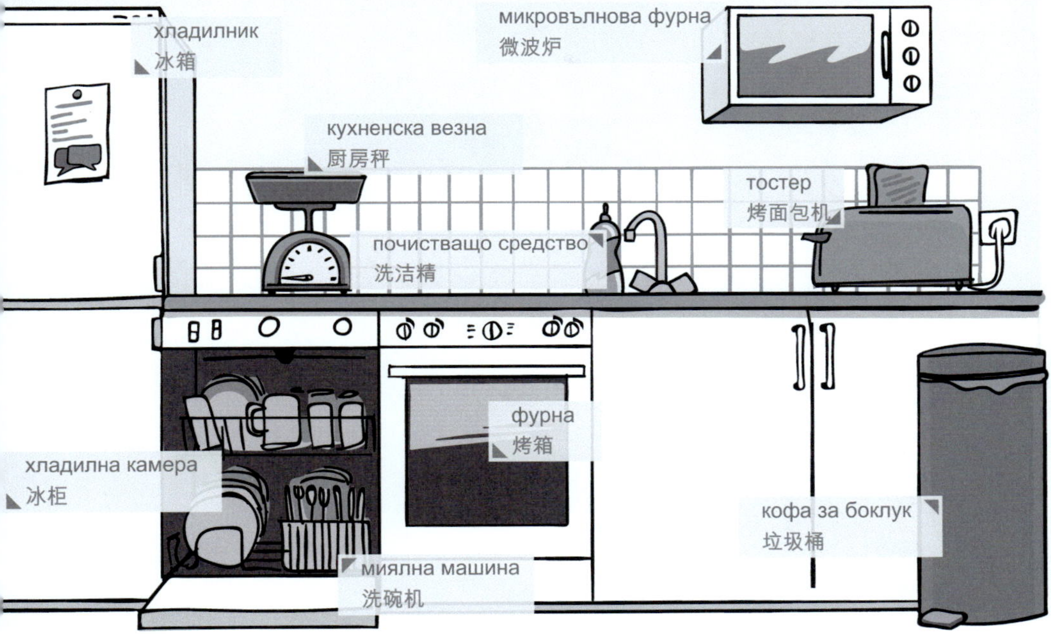

хладилник
冰箱

микровълнова фурна
微波炉

кухненска везна
厨房秤

почистващо средство
洗洁精

тостер
烤面包机

фурна
烤箱

хладилна камера
冰柜

миялна машина
洗碗机

кофа за боклук
垃圾桶

готварска печка

炊具

тенджера

锅

желязна тенджера

铸铁锅

уок / кадаи

炒锅

тиган

平底锅

кана за затопляне на вода

水壶

уред за готвене на пара

蒸锅

тава за печене

烤盘

съдове

陶瓷锅

чаша

马克杯

купа

碗

клечки за хранене

筷子

черпак

长柄勺

лопатка за тиган

铲子

тел за разбиване (на яйца, белтъци)

搅拌器

кошница за варене

滤网

гевгир

筛子

ренде

磨碎机

хаван

研钵

барбекю

烧烤

огнище

明火

дъска

菜板

точилка

擀面杖

тирбушон

开瓶器

кутия

罐子

отварачка за консерви

开罐器

кухненска ръкохватка

隔热手套

мивка

水槽

четка

刷子

гъба

海绵

миксер

搅拌机

фризер

冷藏箱

бебешко шише

奶瓶

воден кран

水龙头

баня

浴室

отопление
供暖设备
хавлиена кърпа
毛巾
душ
淋浴
завеса за баня
浴帘
шампоан за вана
泡沫浴
вана
浴缸
стъклена чаша
玻璃杯
перална машина
洗衣机
воден кран
水龙头
плочки
瓷砖
гърне
便壶
мивка
水槽

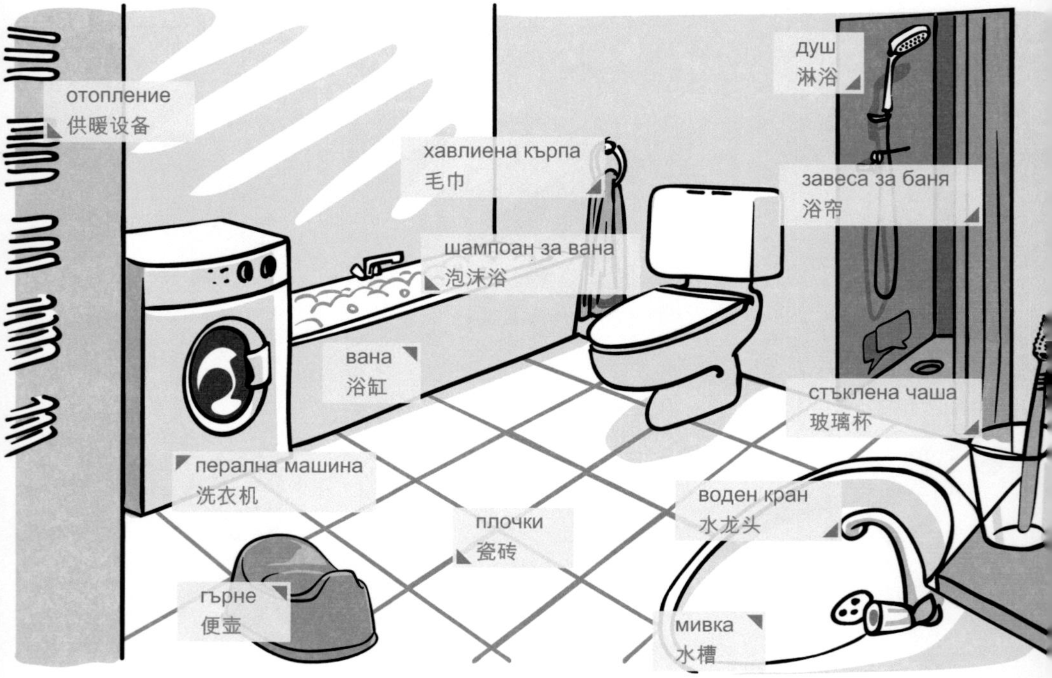

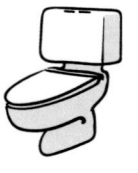

тоалетна

厕所

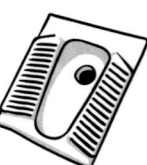

клекало

蹲便器

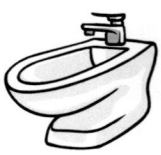

биде

坐浴器

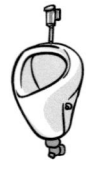

писоар

小便池

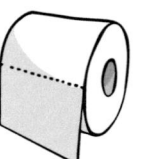

тоалетна хартия

厕纸

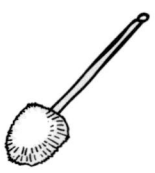

четка за тоалетна

马桶刷

четка за зъби

牙刷

паста за зъби

牙膏

конец за зъби

牙线

мия

洗

ръчен душ

手持式喷淋头

интимен душ

冲洗器

леген

洗脸盆

четка за гръб

擦背刷

сапун

肥皂

душ гел

沐浴露

шампоан за вана

洗发水

гъба за баня

法兰绒

сифон

排水

крем

乳霜

дезодорант

除臭剂

огледало

镜子

козметично огледало

手镜

ръчна самобръсначка

剃须刀

пяна за бръснене

剃须泡沫

одеколон за след
бръснене

须后水

гребен

梳子

четка

刷子

сешоар

吹风机

спрей за коса

喷发定型剂

грим

化妆品

червило

唇膏

лак за нокти

指甲油

памук

化妆棉

ножица за нокти

指甲剪

парфюм

香水

тоалетна чантичка

洗漱包

табуретка

凳子

везна

计重秤

хавлия

浴袍

домакински ръкавици

橡胶手套

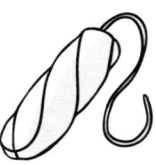

тампон

卫生棉条

дамски превръзки

卫生巾

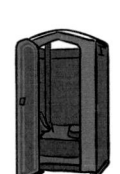

химическа тоалетна

化学厕所

детска стая

儿童房

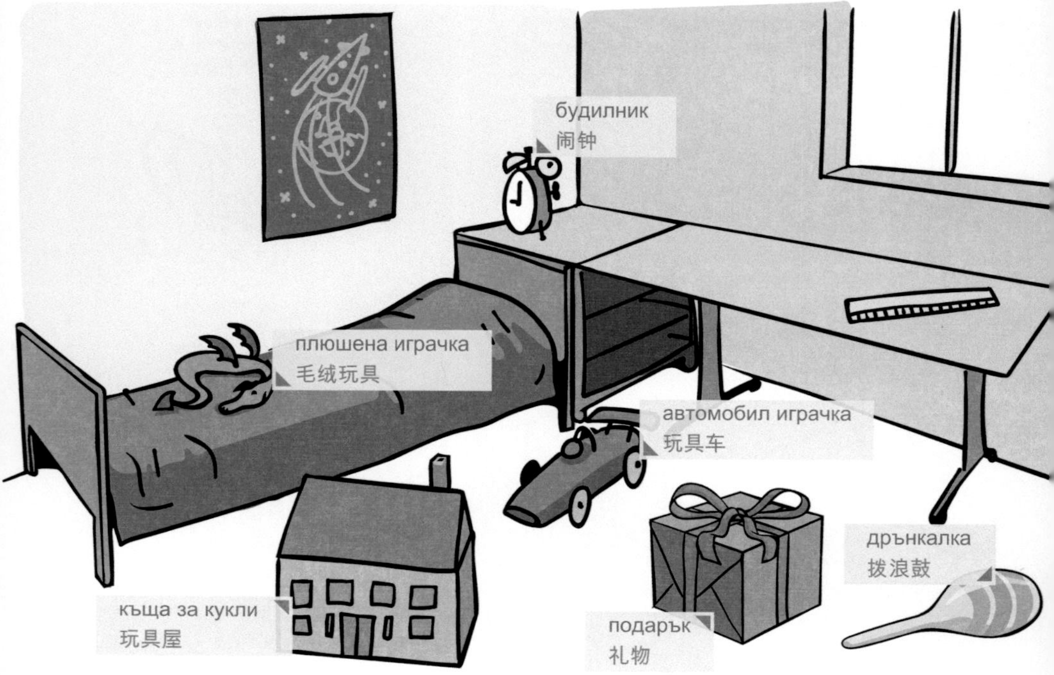
будилник
闹钟
плюшена играчка
毛绒玩具
автомобил играчка
玩具车
дрънкалка
拨浪鼓
къща за кукли
玩具屋
подарък
礼物

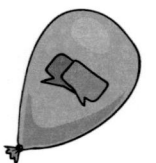

балон

气球

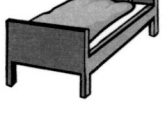

легло

床

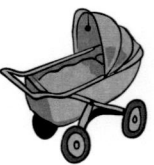

детска количка

（洋娃娃用）婴儿车

игра на карти

扑克牌

пъзел

拼图

SUPER
MEGA

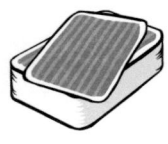

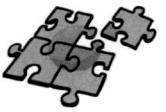

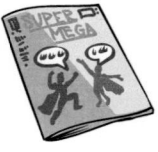

комикс

漫画

лего елементи

乐高积木

строителни елементи

积木玩具

екшън фигурка

玩具人

бебешки гащеризон

婴儿服

фрисби

飞盘

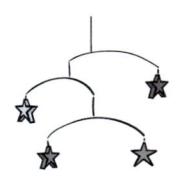

бебешки играчки за легло

床铃玩具

настолна игра

棋盘游戏

зарче

骰子

миниатюрно влакче

火车模型

биберон

安抚奶嘴

парти

聚会

детска книга с илюстрации

绘本

топка

球

кукла

洋娃娃

играя

玩

пясъчник

沙坑

люлка

秋千

играчка

玩具

игрова конзола

游戏机

велосипед с три колелета

三轮车

плюшено мече

泰迪熊

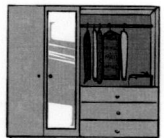

гардероб

衣柜

облекло

衣服

къси чорапи

袜子

дълги чорапи

长袜

чорапогащник

紧身裤

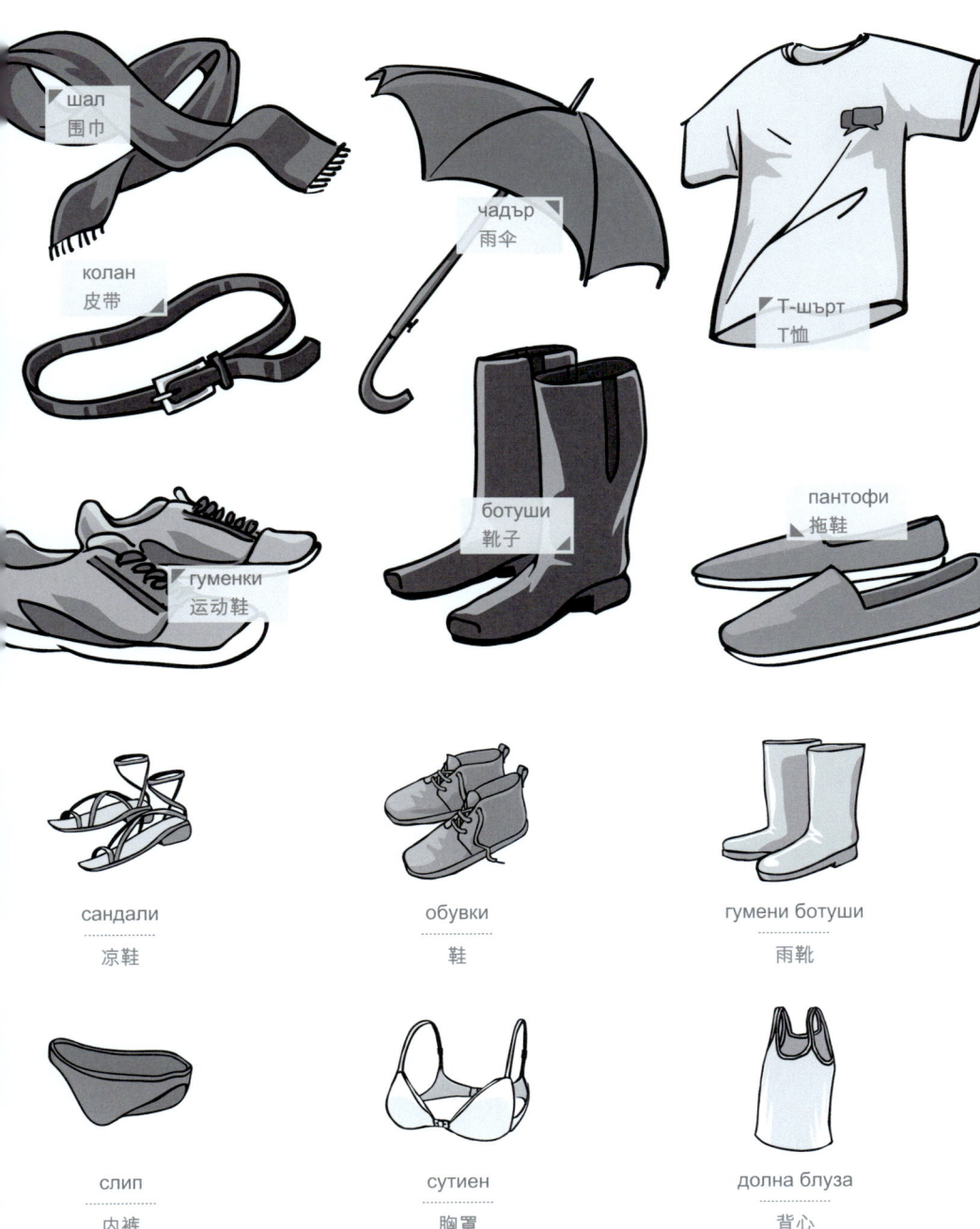

шал
围巾

чадър
雨伞

Т-шърт
T恤

колан
皮带

ботуши
靴子

пантофи
拖鞋

гуменки
运动鞋

сандали

凉鞋

обувки

鞋

гумени ботуши

雨靴

слип

内裤

сутиен

胸罩

долна блуза

背心

боди

身体

панталон

裤子

дънки

牛仔裤

пола

短裙

блуза

女式衬衫

риза

衬衫

пуловер

套头衫

суичър

卫衣

блейзър

西装夹克

яке

夹克

палто

外套

дъждобран

雨衣

костюм

套装

рокля

连衣裙

булчинска рокля

婚纱

облекло - 衣服

костюм

西装

нощница

睡袍

пижама

睡衣

сари

莎丽

кърпа за глава

头巾

тюрбан

包头巾

бурка

波卡

кафтан

卡夫坦

абая

(阿拉伯式)长袍

бански костюм

泳衣

плувни шорти

男式泳裤

къс панталон

短裤

анцуг

运动服

престилка

围裙

ръкавици

手套

облекло - 衣服

копче

纽扣

очила

眼镜

гривна

手链

верижка

项链

пръстен

戒指

обеца

耳环

каскет

便帽

закачалка

衣架

шапка

帽子

вратовръзка

领带

цип

拉链

каска

头盔

тиранти

背带

ученическа униформа

校服

униформа

制服

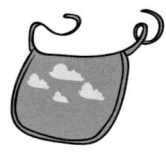

лигавник

围兜

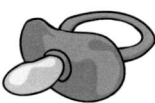

биберон

安抚奶嘴

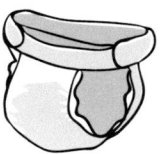

пелена

尿不湿

офис

办公室

сървър
服务器
шкаф за документи
文件柜
принтер
打印机
хартия
纸
монитор
显示屏
бюро
办公桌
мишка
鼠标
папка
文件夹
клавиатура
键盘
кошче за хартиени отпадъци
废纸筐
компютър
电脑
стол
椅子

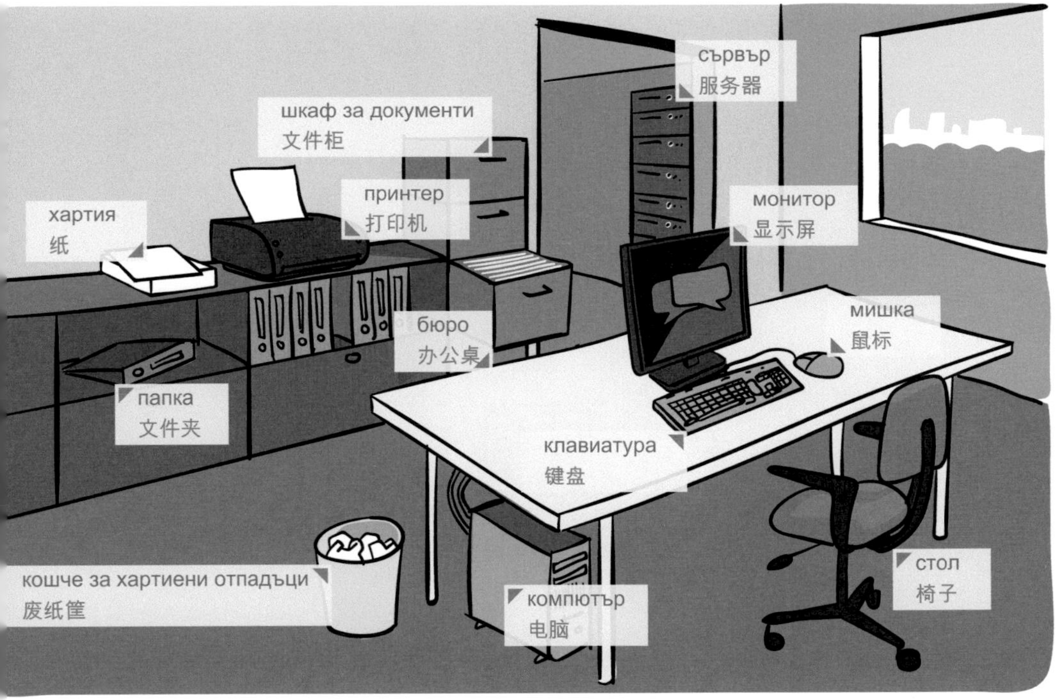

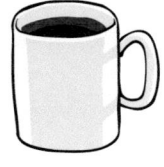

чаша за кафе

咖啡杯

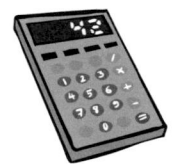

джобен калкулатор

计算器

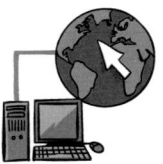

интернет

因特网

лаптоп

笔记本电脑

писмо

信件

съобщение

消息

мобилен телефон

手机

мрежа

网络

ксерокс

复印机

софтуер

软件

телефон

电话

контакт

插座

факс

传真机

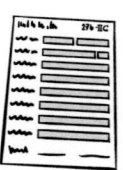

формуляр

表格

документ

文件

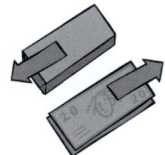

купувам

买

плащам

付钱

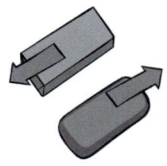

търгувам

交易

пари

现金

долар

美元

евро

欧元

йена

日元

рубла

卢布

швейцарски франк

瑞士法郎

ренминби юан

人民币

рупия

卢比

банкомат

提款处

обменно бюро

外币兑换处

злато

金

сребро

银

нефт

石油

енергия

能源

цена

价格

договор

合同

данък

税金

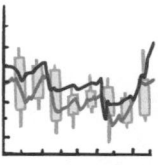

акция

股票

работя

工作

служител

职员

работодател

老板

фабрика

工厂

магазин за цветя

商店

професии
职业

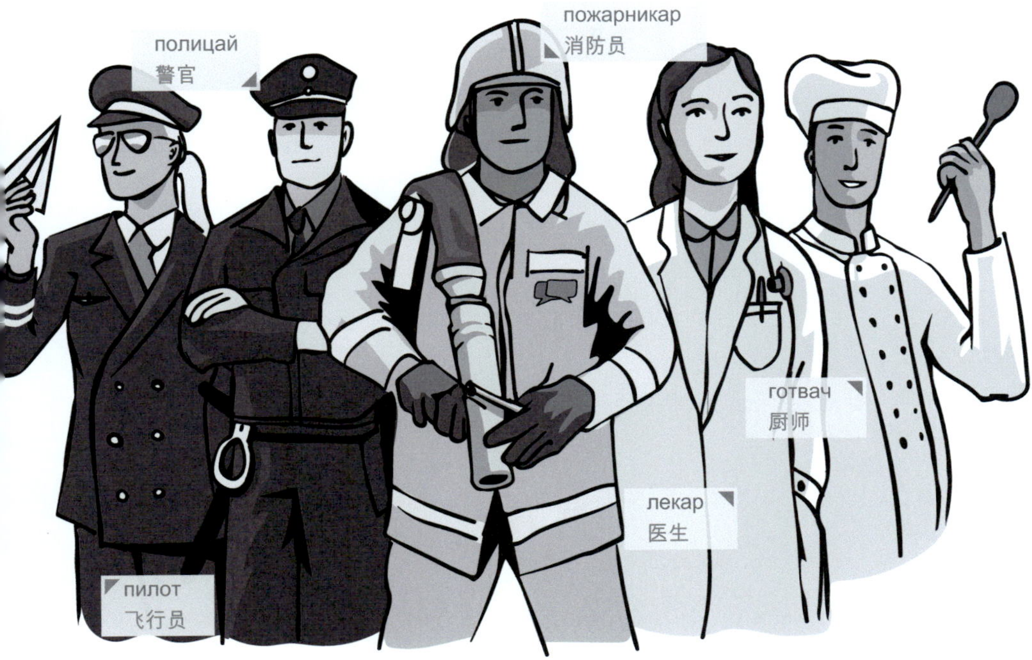
полицай
警官
пожарникар
消防员
готвач
厨师
лекар
医生
пилот
飞行员

градинар

园丁

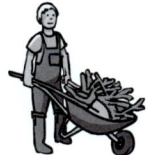

мебелист

木匠

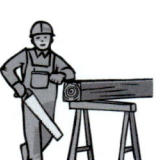

шивачка

裁缝

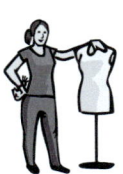

съдия

法官

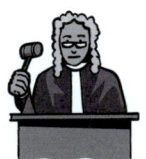

химик

化学家

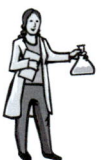

артист

演员

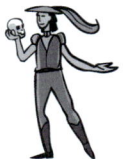

шофьор на автобус

公交车司机

шофьор на такси

出租车司机

рибар

渔夫

чистачка

清洁女工

майстор на покриви

屋顶工

келнер

服务员

ловец

猎人

художник

画家

хлебар

面包师

електротехник

电工

строителен работник

建筑工人

инженер

工程师

касапин

屠夫

тенекеджия

水管工

пощальон

邮递员

войник

士兵

архитект

建筑师

касиер

收银员

цветар

花农

фризьор

理发师

кондуктор

售票员

механик

机械师

капитан

船长

зъболекар

牙医

научен работник

科学家

равин

拉比

имàм

伊玛目

монах

和尚

свещеник

牧师

професии - 职业

инструменти

工具

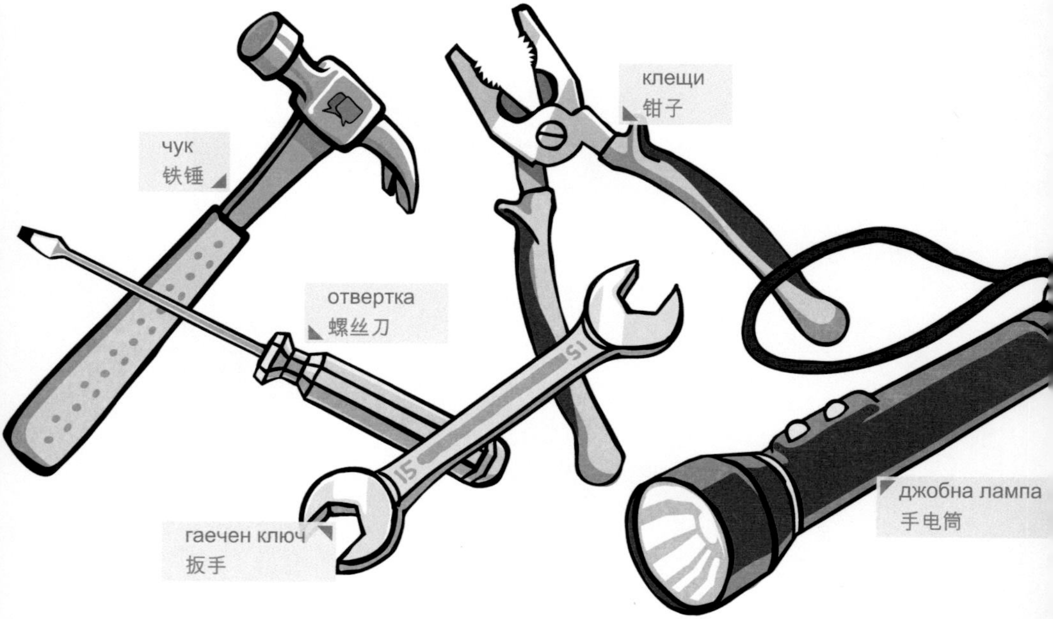
чук
铁锤
клещи
钳子
отвертка
螺丝刀
гаечен ключ
扳手
джобна лампа
手电筒

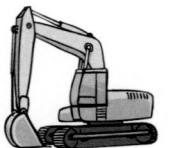

багер

挖掘机

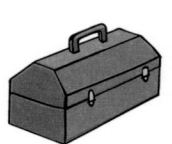

кутия за инструменти

工具箱

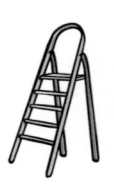

стълба

梯子

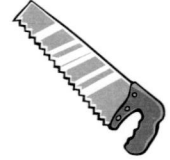

трион

锯子

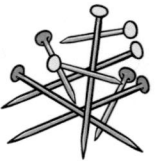

пирони

钉子

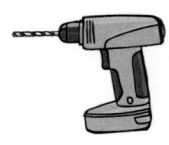

бормашина

钻机

ремонтирам

修

лопата

铲子

По дяволите!

靠！

лопатка за смет

簸箕

кутия за боя

油漆桶

болтове

螺丝

музикални инструменти
乐器

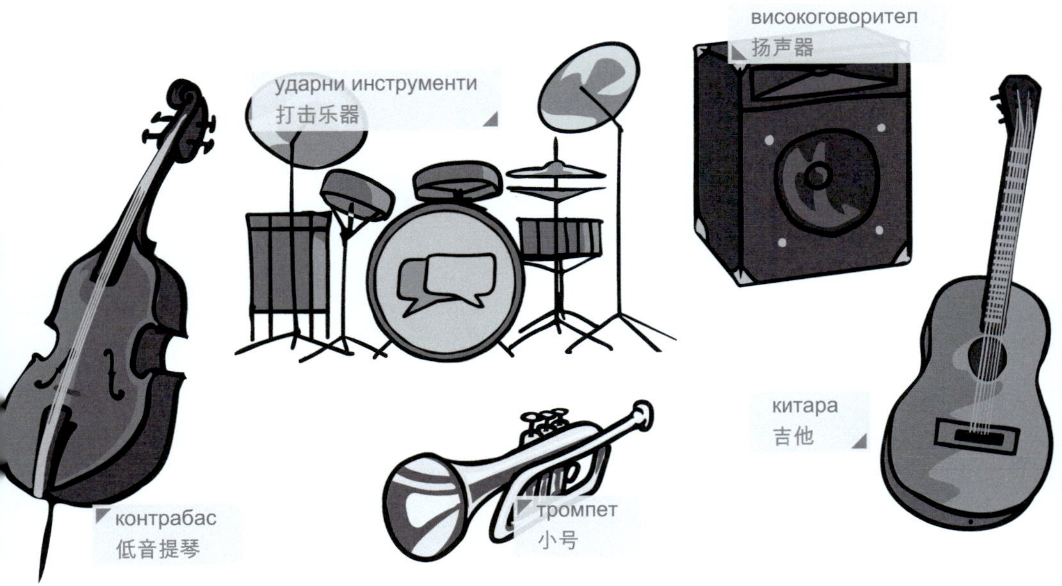

ударни инструменти
打击乐器

високоговорител
扬声器

тромпет
小号

китара
吉他

контрабас
低音提琴

пиано

钢琴

виолина

小提琴

контрабас

贝斯

тимпан

定音鼓

барабан

鼓

електрическо пиано

电子琴

саксофон

萨克斯管

флейта

长笛

микрофон

麦克风

зоологическа градина
动物园

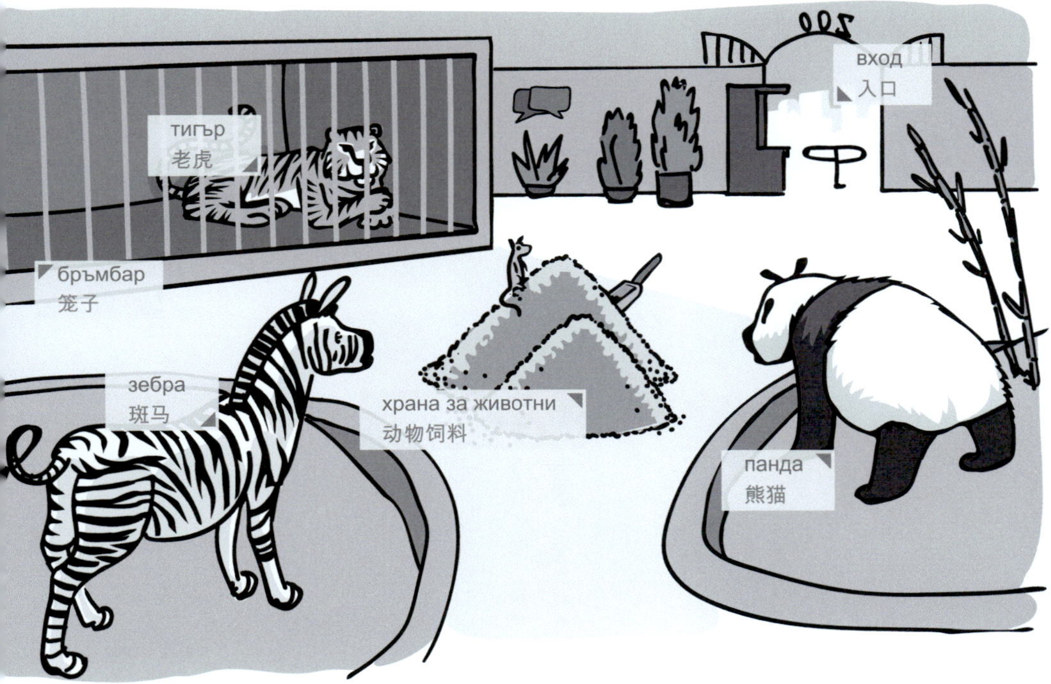

вход
入口
тигър
老虎
бръмбар
笼子
зебра
斑马
храна за животни
动物饲料
панда
熊猫

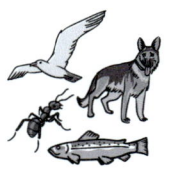

животни

动物

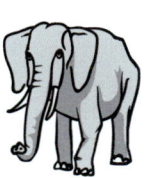

слон

大象

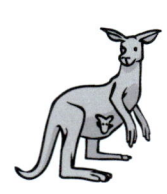

кенгуру

袋鼠

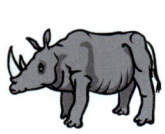

носорог

犀牛

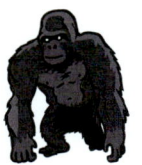

горила

大猩猩

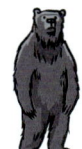

мечка

熊

камила

骆驼

щраус

鸵鸟

лъв

狮子

маймуна

猴子

фламинго

火烈鸟

папагал

鹦鹉

бяла мечка

北极熊

пингвин

企鹅

акула

鲨鱼

паун

孔雀

змия

蛇

крокодил

鳄鱼

пазач в зоологическа
градина

动物园管理员

тюлен

海豹

ягуар

美洲豹

пони

矮种马

леопард

豹

хипопотам

河马

жираф

长颈鹿

орел

老鹰

диво прасе

野猪

риба

鱼

костенурка

龟

морж

海象

лисица

狐狸

газела

羚羊

американски футбол
橄榄球

колоездене
骑自行车

тенис
网球

баскетбол
篮球

плуване
游泳

бокс
拳击

хокей на лед
冰球

футбол

英式足球

бадминтон

羽毛球

лека атлетика

田径

хандбал

手球

ски бягане

滑雪

поло

马球

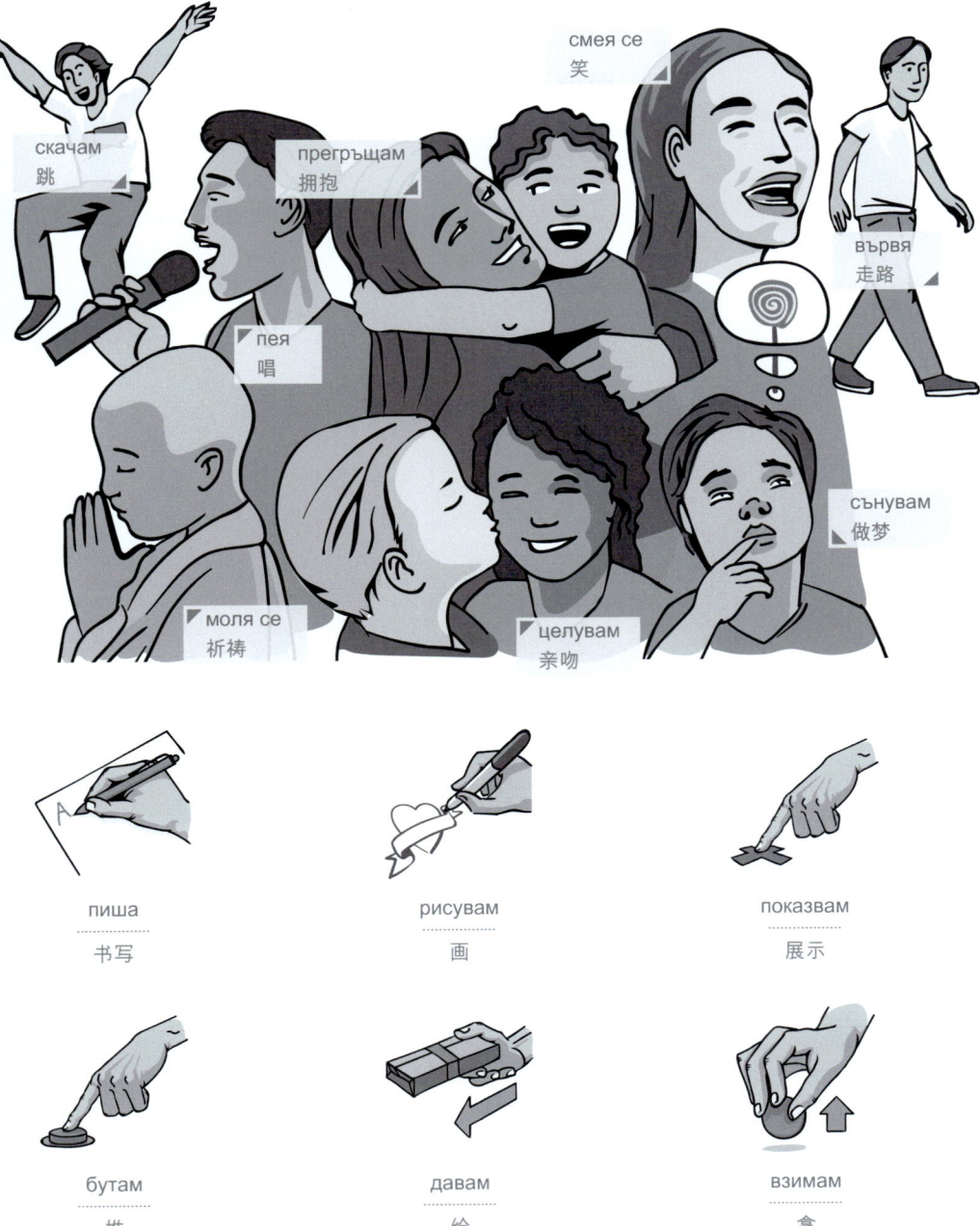

скачам
跳

прегръщам
拥抱

смея се
笑

вървя
走路

пея
唱

сънувам
做梦

моля се
祈祷

целувам
亲吻

пиша
书写

рисувам
画

показвам
展示

бутам
推

давам
给

взимам
拿

имам

有

правя

做

съм

当

стоя

站

тичам

跑

дърпам

拉

хвърлям

扔

падам

摔倒

лежа

躺

чакам

等待

нося

携带

седя

坐

обличам

穿衣

спя

睡觉

събуждам се

醒来

разглеждам

看

плача

哭

милвам

抚摸

реша се

梳头

говоря

交谈

разбирам

明白

питам

问

слушам

听

пия

喝

ям

吃

разтребвам

清理

обичам

爱

готвя

做饭

карам автомобил

开车

летя

飞

плавам (с платна)

航行

смятане

计算

чета

读

уча

学习

работя

工作

женя се

结婚

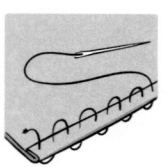

шия

缝

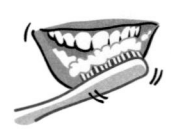

измивам си зъбите

刷牙

убивам

杀

пуша

抽烟

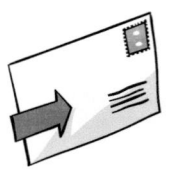

изпращам

寄

баба
祖母

дядо
祖父

баща
父亲

майка
母亲

бебе
婴童

дъщеря
女儿

син
儿子

посетител

客人

леля

阿姨

чичо

叔叔

брат

兄弟

сестра

姐妹

тяло

身体

чело
前额
око
眼睛
лице
脸
брадичка
下巴
гърди
乳房
пръст
手指
ръка
手
ръка
手臂
рамо
肩膀
крак
腿

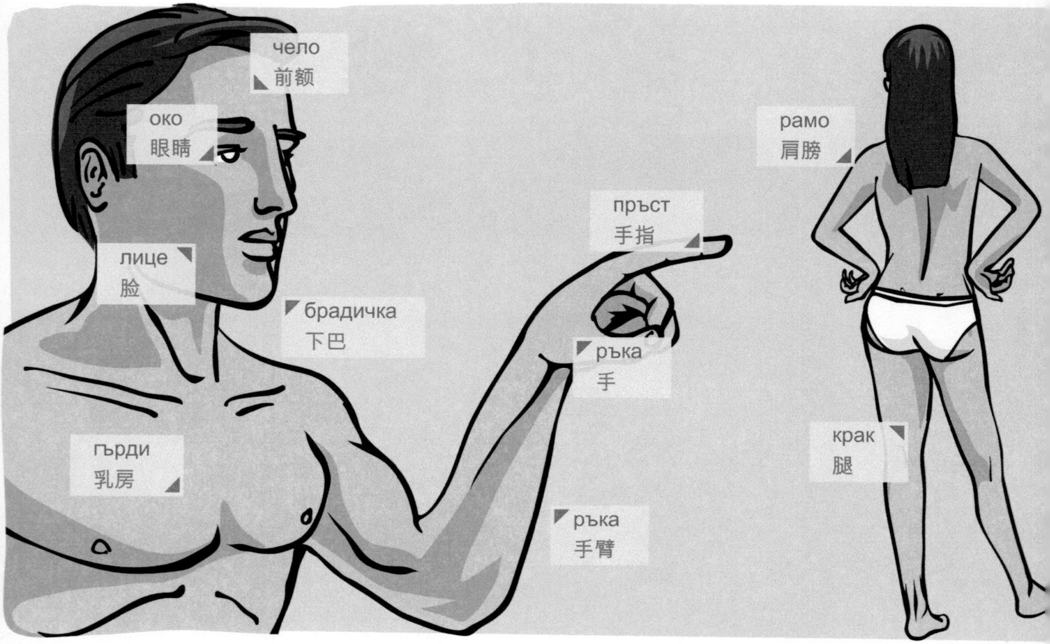

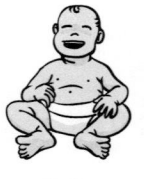

бебе

婴童

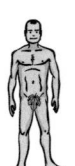

мъж

男人

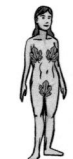

жена

女人

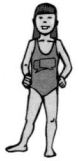

момиче

女孩

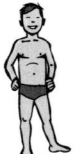

момче

男孩

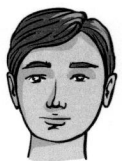

глава

头

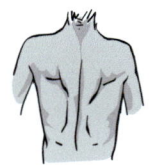

гръб

背部

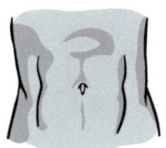

корем

肚子

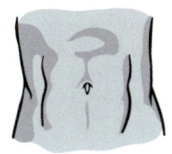

пъп

肚脐

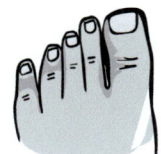

пръст на крака

脚趾

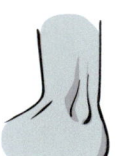

пета

脚后跟

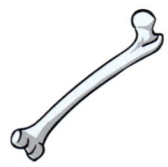

кост

骨头

хълбок

臀部

коляно

膝盖

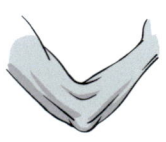

лакът

手肘

нос

鼻子

седалище

屁股

кожа

皮肤

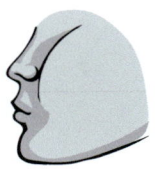

буза

脸颊

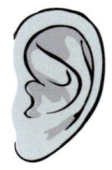

ухо

耳朵

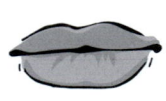

устна

嘴唇

уста

嘴

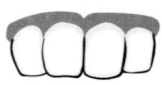

зъб

牙齿

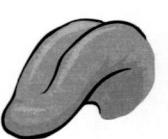

език

舌头

мозък

脑

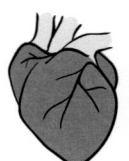

сърце

心脏

мускул

肌肉

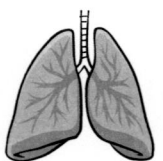

бял дроб

肺

черен дроб

肝脏

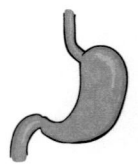

стомах

胃

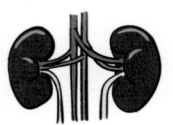

бъбреци

肾脏

полово сношение

性交

кондом

避孕套

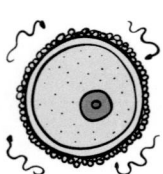

яйцеклетка

卵子

сперма

精子

бременност

怀孕

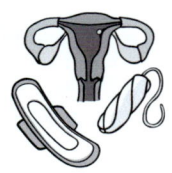

менструация

月经

вагина

阴道

пенис

阴茎

вежда

眉毛

коса

头发

шия

脖子

болница
医院

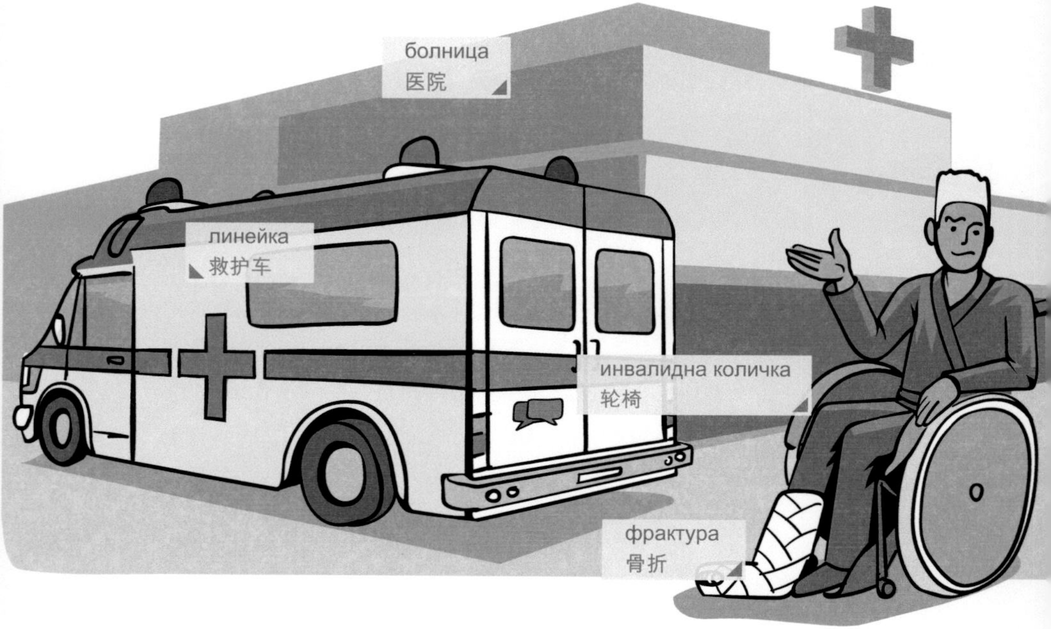

болница
医院
линейка
救护车
инвалидна количка
轮椅
фрактура
骨折

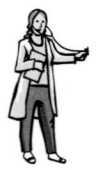

лекар
医生

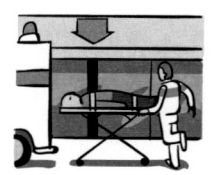

спешна хоспитализация
急诊室

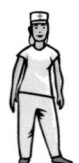

медицинска сестра
护士

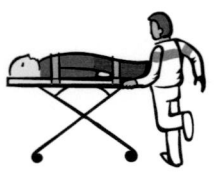

спешен случай
紧急情况

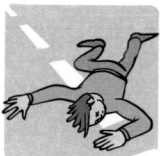

в безсъзнание
昏迷

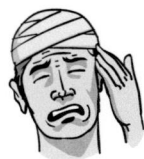

болка
痛

нараняване

受伤

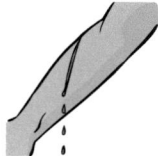

кървене

出血

инфаркт

心脏病发作

инсулт

中风

алергия

过敏

кашлица

咳嗽

температура

发烧

грип

流感

диария

腹泻

главоболие

头痛

рак

癌症

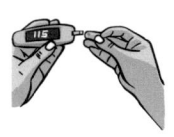

диабет

糖尿病

хирург

外科医生

скалпел

手术刀

операция

手术

компютърна томография

CT

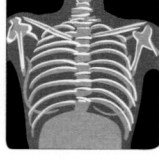

рентген

X光

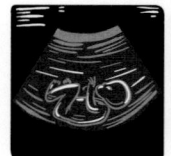

ултразвук

超声波

маска

口罩

болест

疾病

чакалня

候诊室

патерица

拐杖

пластир

石膏

превръзка

绷带

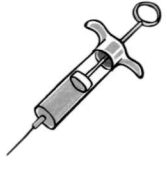

инжекция

注射

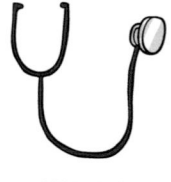

стетоскоп

听诊器

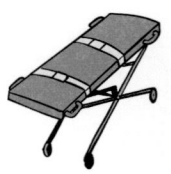

носилка

担架

термометър

体温计

раждане

出生

наднормено тегло

超重

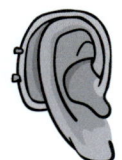

слухов апарат

助听器

дезинфекционно средство

消毒液

инфекция

感染

вирус

病毒

HIV / AIDS

艾滋病

медицина

药物

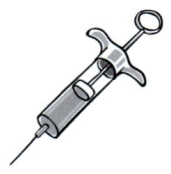

ваксинация

接种疫苗

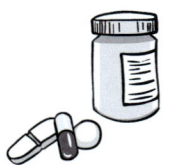

таблети

药片

противозачатъчна
таблетка
药丸

спешно телефонно
обаждане
急救电话

апарат за измерване на
кръвното налягане

血压计

болен / здрав

生病/健康

болница - 医院

Помощ!

救命！

сигнал за тревога

警报

нападение

突击

атака

攻击

опасност

危险

авариен изход

紧急出口

Пожар!

着火啦！

пожарогасител

灭火器

злополука

意外

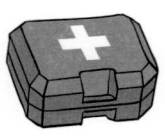

комплект за оказване на
първа помощ

急救箱

SOS

呼救信号

полиция

警察

Европа

欧洲

Северна Америка

北美洲

Южна Америка

南美洲

Африка

非洲

Азия

亚洲

Австралия

澳洲

Атлантически океан

大西洋

Тихи океан

太平洋

Индийски океан

印度洋

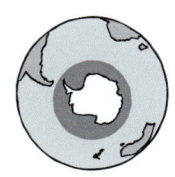

Южен ледовит океан

南冰洋

Северен ледовит океан

北冰洋

Северен полюс

北极

Южен полюс

南极

Антарктида

南极洲

Земя

地球

суша

陆地

море

海

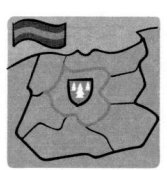

остров

岛

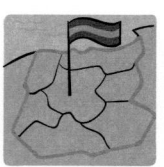

нация

国家

държава

国家

циферблат

钟面

стрелка на часовете

时针

стрелка на минутите

分针

стрелка на секундите

秒针

Колко е часът?

现在几点？

ден

天

време

时间

сега

现在

дигитален часовник

电子表

минута

分

час

时

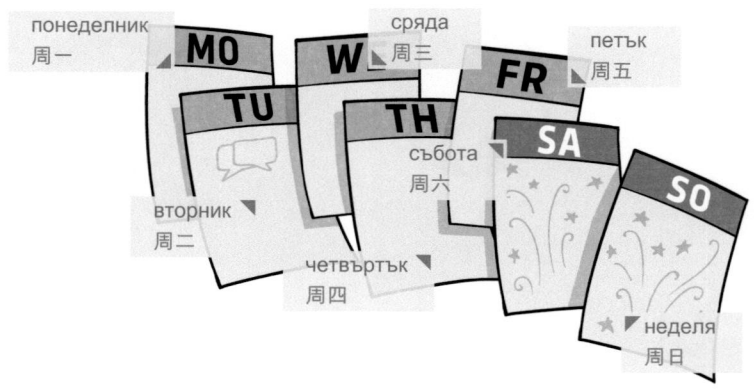

понеделник
周一

сряда
周三

петък
周五

TU
вторник
周二

TH
събота
周六

FR

SA

SO

четвъртък
周四

неделя
周日

вчера

昨天

днес

今天

утре

明天

сутрин

早晨

обед

中午

вечер

晚上

MO	TU	WE	TH	FR	SA	SU
1	2	3	4	5	6	7
8	9	10	11	12	13	14
15	16	17	18	19	20	21
22	23	24	25	26	27	28
29	30	31	1	2	3	4

работни дни

工作日

MO	TU	WE	TH	FR	SA	SU
1	2	3	4	5	6	7
8	9	10	11	12	13	14
15	16	17	18	19	20	21
22	23	24	25	26	27	28
29	30	31	1	2	3	4

уикенд

周末

дъжд
雨

дъга
彩虹

вятър
风

сняг
雪

пролет
春

есен
秋

лято
夏

зима
冬

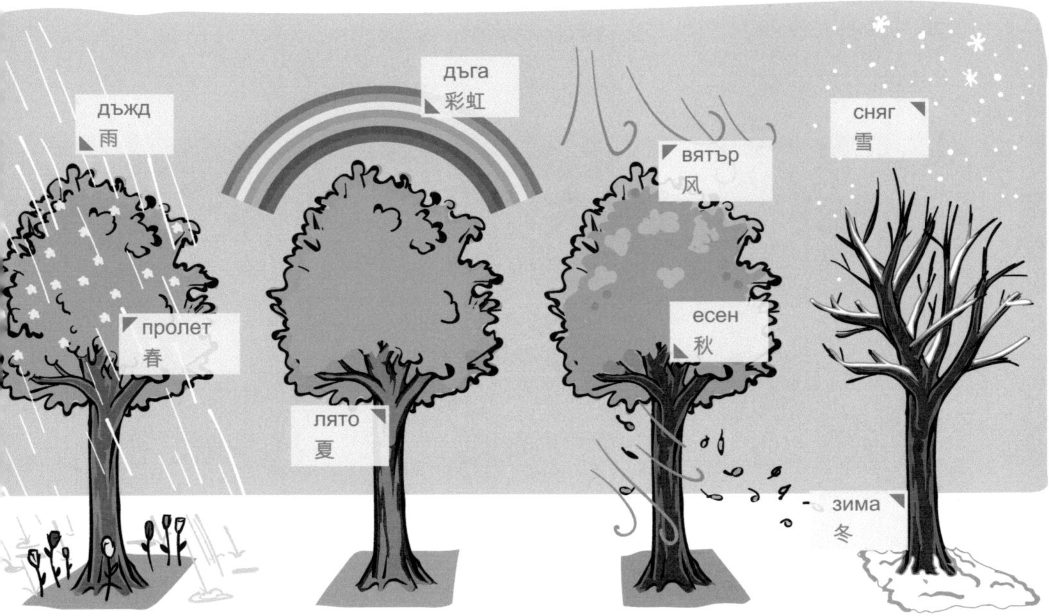

прогноза за времето

天气预报

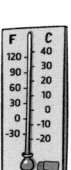

термометър

温度计

слънчева светлина

阳光

облак

云

мъгла

雾

влажност на въздуха

潮湿

светкавица

闪电

гръмотевица

打雷

буря

风暴

градушка

冰雹

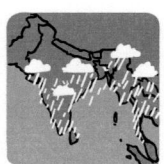

мусон

季风

наводнение

洪水

лед

冰

януари

一月

февруари

二月

март

三月

април

四月

май

五月

юни

六月

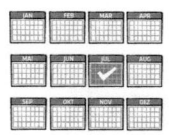

юли

七月

август

八月

септември

九月

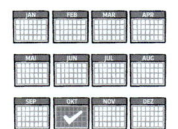

октомври

十月

ноември

十一月

декември

十二月

кръг

圓形

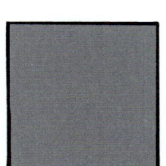

квадрат

正方形

четириъгълник

长方形

триъгълник

三角形

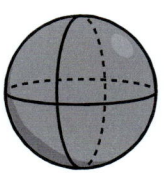

сфера

球体

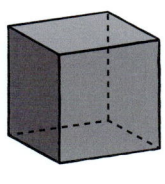

куб

立方体

бял

白

жълт

黄

оранжев

橙

розов

粉

червен

红

лилав

紫

син

蓝

зелен

绿

кафяв

棕

сив

灰

черен

黑

много / малко

很多/少许

ядосан / спокоен

生气/平静

красив / грозен

美/丑

начало / край

首/尾

голям / малък

大/小

светъл / тъмен

明/暗

брат / сестра

兄弟/姐妹

чист / мръсен

干净/肮脏

пълен / непълен

完整/缺失

ден / нощ

白天/晚上

мъртъв / жив

死/生

широк / тесен

宽/窄

ядлив / неядлив

可食用/非食用

сърдит / любезен

邪恶/善良

развълнуван / скучаещ

兴奋/无聊

дебел / тънък

胖/瘦

най-напред / най-накрая

第一/最后

приятел / враг

朋友/敌人

пълен / празен

满/空

твърд / мек

硬/软

тежък / лек

重/轻

глад / жажда

饿/渴

болен / здрав

生病/健康

нелегален / легален

非法/合法

интелигентен / глупав

聪明/愚笨

ляво / дясно

左/右

близо / далече

近/远

нов / употребяван

新/旧

нищо / нещо

没有/有些

стар / млад

老/幼

вкл. / изкл.

开/关

отворен / затворен

打开/合上

тих / силен (звук)

安静/吵闹

богат / беден

富/穷

правилен / погрешен

对/错

грапав / гладък

粗糙/光滑

тъжен / щастлив

伤心/高兴

дълъг / къс

短/长

бавен / бърз

慢/快

мокър / сух

湿/干

топъл / студен

温暖/凉爽

война / мир

战争/和平

противоположности - 反义词

0

нула

零

1

едно

一

2

две

二

3

три

三

4

четири

四

5

пет

五

6

шест

六

7

седем

七

8

осем

八

9

девет

九

10

десет

十

11

единадесет

十一

12
дванадесет
十二

13
тринадесет
十三

14
четиринадесет
十四

15
петнадесет
十五

16
шестнадесет
十六

17
седемнадесет
十七

18
осемнадесет
十八

19
деветнадесет
十九

20
двадесет
二十

100
сто
百

1.000
хиляда
千

1.000.000
милион
百万

числа - 数字

англійски

英语

амерікански англійски

美式英语

китайски мандарин

普通话

хинди

印地语

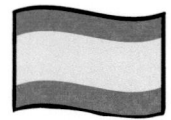

испански

西班牙语

френски

法语

арабски

阿拉伯语

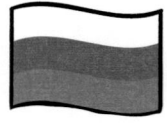

руски

俄语

португалски

葡萄牙语

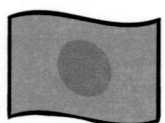

бенгалски

孟加拉语

немски

德语

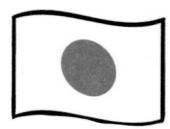

японски

日语

аз

我

ти

你

той / тя / то

他/她/它

ние

我们

вие

你们

те

他们

кой?

谁？

какво?

什么？

как?

怎样？

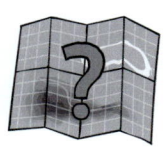

къде?

哪里？

кога?

什么时候？

име

名字

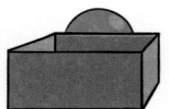

зад

后面

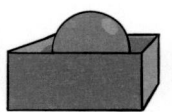

в

里面

пред

前面

над

上方

върху

上面

под

下面

до

旁边

между

中间

място

地点